Nähen
mit Wachstuch

Schöne und praktische Ideen fürs ganze Haus

Edina Stratmann

OZcreativ

Liebe Leserin,

wenn wir Kinder früher um den Mittagstisch versammelt waren, benutzte unsere Großmutter am liebsten Tischdecken aus Wachstuch. Und dann durfte gekleckert werden! Nach dem Essen wurde die Decke mit einem Wisch wieder sauber. Diese Wachstücher waren zwar praktisch und preiswert, aber zugegebenermaßen nicht besonders hübsch.

Die neue Generation Wachstücher und beschichtete Stoffe in attraktiven, modernen Farben zeigen dagegen viel Liebe zum Design. Sie sind zudem nicht mehr so steif wie in alten Zeiten und lassen sich auch mit einer ganz gewöhnlichen Nähmaschine gut verarbeiten. Die Vielfalt der Stoffe inspiriert zum Experimentieren.

Hier wollte ich einfache und unkomplizierte Schnitte verwenden und die Vorzüge der Stoffqualitäten nutzen. So habe ich ganz und gar darauf verzichtet, die Kanten zu versäubern, und hin und wieder habe ich statt etwas festzunähen einen Klebestift benutzt. Da Wachstücher und beschichtete Stoffe nicht fransen, kann man sehr einfach und schnell etwas aus den Materialien zaubern und Verzierungen oder kleinere Kanten festkleben. Fast alle Modelle lassen sich quasi im Handumdrehen umsetzen und brauchen keine besonderen Vorkenntnisse. Ich hoffe, dass die Entwürfe Sie zum Nachnähen inspirieren.

Dabei wünsche ich Ihnen viel Freude und gutes Gelingen!
Ihre Edina Stratmann

Edina Stratmann

Inhalt

IN DER KÜCHE

- 8 Fröhliches Trio
  Marmeladenglashäubchen
- 10 Es darf gekleckert werden!
  Tischdecke
- 12 Alles an seinem Platz
  Besteckkörbchen
- 14 Streifen auf Streifen
  Schalen-Deko
- 16 Immer an der richtigen Stelle
  Besteckgläser
- 18 Hübsch verpackt
  Vorratstüten

KINDERZIMMER

- 22 Für Leckermäuler
  Lätzchen
- 24 Begleiter für den Kindergarten
  Tasche
- 26 Für eilige Notizen
  Heftumschlag
- 28 Viel Platz für Stifte
  Schlamperlmäppchen
- 30 Für Turnschuhe & Co.
  Sportbeutel

GARTENPARTY

- 34 Romantisch angehaucht
  Vasen-Husse
- 36 Bitte zu Tisch!
  Blumentopf-Platzset
- 38 Bringt jedes Glas zur Geltung
  Untersetzer
- 38 Hält Insekten fern
  Strohhalm-Schirmchen
- 40 Im Handumdrehen dekoriert
  Serviettenring
- 40 Blumig
  Blumen-Tischdeko

BADEZIMMER

- 44 Jederzeit griffbereit
  Bezug für Kleenex-Box
- 46 Klein, aber fein
  Kosmetiktäschchen
- 48 Immer im Einsatz
  Wäschebeutel
- 50 Dezent
  Täschchen für Taschentücher
- 52 Gut verstaut
  Utensilo

- 54 Material und Werkzeuge
- 55 Grundbegriffe des Nähens
- 56 Grundtechniken des Nähens
- 57 Vorlagen
- 62 Impressum

In der Küche

Farbenfrohe Modelle lassen Ihre Küche in einem neuen Licht erstrahlen. Die bunt gemusterten Stoffe setzen fröhliche Akzente.

Fröhliches Trio

Marmeladenglashäubchen • Größe je ca. 13 x 6,5 cm

Material

Für 3 Hauben:
- Wachstuch in Weiß mit Blümchen (A), 15 cm
- Wachstuch in Rot mit Blümchen (B), 15 cm
- Wachstuch in Rot gemustert (C), 15 cm
- Geschenkband in Grün, 1,5 cm breit, 30 cm
- Geschenkband in Rot, 1,5 cm breit, 15 cm
- Klebestift

Zuschnitt

Haube 1:
- Wachstuch (A): 13 x 13 cm
- Geschenkband in Rot: 15 cm

Haube 2:
Wachstuch (B): 13 x 13 cm
Geschenkband in Grün: 15 cm

Haube 3:
- Wachstuch (C): 13 x 13 cm
- Geschenkband in Grün: 15 cm

So wird's gemacht

Das Stoffquadrat rechts auf rechts zur Hälfte falten und an beiden Seite füßchenbreit zusammennähen. Bodenecken jeweils füßchenbreit quer zur Naht abnähen (s. Schemazeichnung unten). Haube wenden. Schleife formen (s. Grundkurs auf Seite 56) und auf die Haube aufkleben oder -nähen. Haube etwas eindrücken, damit sie ihre charakteristische Form erhält.

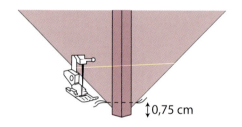

Es darf gekleckert werden!

Tischdecke • Größe ca. 90 x 100 cm • Vorlage 1 von Seite 57

Material

- Wachstuch in Weiß mit Blümchen (A), 35 cm
- Wachstuch in Rot mit Blümchen (B), 35 cm
- Wachstuch in Rot gemustert (C), 35 cm

Zuschnitt

- Stoff (A): 1-mal 16 x 100 cm
- Stoff (A): 1-mal 17 x 100 cm
- Stoff (B): 2-mal 17 x 100 cm
- Stoff (C): 1-mal 16 x 100 cm
- Stoff (C): 1-mal 17 x 100 cm

So wird's gemacht

Die schmalen Seiten des 17 cm breiten Streifens mithilfe der Vorlage 1 (Halbkreis) abrunden. An den langen Seiten des Streifens bleiben jew. 1 cm Nahtzugabe stehen. Bei den 16 cm breiten Streifen die Vorlage 1 links- oder rechtsbündig anlegen, um die schmalen Seiten abzurunden.

Die Streifen in der Reihenfolge A – B – C – C – B – C nebeneinanderlegen und mit 1 cm Nahtzugabe an den Längsseiten zusammennähen. Die Nahtzugaben auseinanderbügeln.

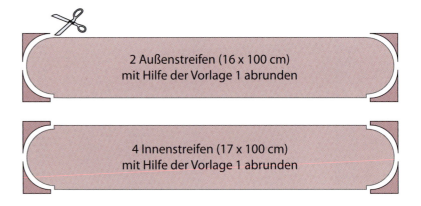

2 Außenstreifen (16 x 100 cm) mit Hilfe der Vorlage 1 abrunden

4 Innenstreifen (17 x 100 cm) mit Hilfe der Vorlage 1 abrunden

Alles an seinem Platz

Besteckkörbchen • Größe ca. 22 x 7 cm

Material

Für 2 Körbchen:
- Wachstuch in Weiß mit Blümchen (A), 20 cm
- Wachstuch in Rot mit Blümchen (B), 20 cm
- Wachstuch in Rot gemustert (C), 20 cm
- Klebestift

Zuschnitt

Besteckkörbchen 1:
- Wachstuch (B): 27 x 15 cm (für die Außenseite)
- Wachstuch (C): 27 x 20 cm (für die Innenseite)
- Wachstuch (A): 16 x 2 cm (für die Schleife)
- Wachstuch (B): 4 x 2 cm (für die Schleife)

Besteckkörbchen 2:
- Wachstuch (A): 27 x 15 cm (für die Außenseite)
- Wachstuch (B): 27 x 20 cm (für die Innenseite)
- Wachstuch (A): 16 x 2 cm (für die Schleife)
- Wachstuch (C): 4 x 2 cm (für die Schleife)

So wird's gemacht

Außen- und Innenteil jeweils längs rechts auf rechts zur Hälfte falten und die kurzen Kanten füßchenbreit zusammennähen. Bei beiden Teilen jeweils 3 cm breite Bodenecken quer zur Naht abnähen. Die Spitzen bis auf Nahtzugabenbreite abschneiden (s. Schemazeichnung unten).

Außenteil wenden. Innenteil links auf links in das Außenteil stecken, den überstehenden Stoff des Innenteils über die Kante des Außenteils nach außen falten und festkleben. Schleife formen (s. Grundkurs auf S. 56) und außen auf das Besteckkörbchen kleben.

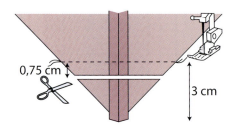

Streifen auf Streifen

Schalen-Deko • Größe ca. 10 x 10 cm

Material

- Wachstuch in Rot gemustert (C), 35 x 20 cm
- Geschenkband in Grün, 1,5 cm breit, 60 cm

Zuschnitt

- Wachstuch (C): 4-mal 35 x 5 cm

So wird's gemacht

Die kurzen Kanten der Streifen jeweils 4 cm nach innen einschlagen und festnähen, so dass sich eine Schlaufe bildet. Die Streifen mit der linken Seite nach oben sternförmig aufeinanderlegen und in der Mitte ein Quadrat nähen, um die Streifen aufeinander zu befestigen (s. Schemazeichnung unten).

Geschenkband durch alle Schlaufen ziehen, eine runde Porzellanschüssel auf die Mitte des Kreuzes legen. Das Band zusammenziehen, wodurch sich die Streifen um die Schüssel legen, und eine Schleife binden.

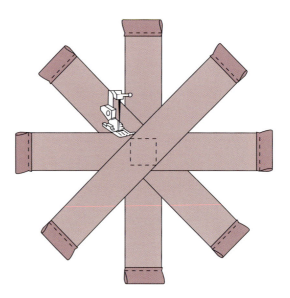

Immer an der richtigen Stelle

Besteckgläser · Größe ca. 17 cm hoch

Material

Für 2 Gläser:

- Wachstuch in Weiß mit Blümchen (A), ca. 20 cm
- Wachstuch in Rot mit Blümchen (B), ca. 10 cm
- Wachstuch in Rot gemustert (C), ca. 20 cm
- Geschenkband in Rot, 1,5 cm breit, 25 cm
- Geschenkband in Grün, 1,5 cm breit, 25 cm
- Klebestift
- 1 gerades Glas, ca. 23 cm Umfang, 17 cm Höhe

Zuschnitt

Glas 1:

- Wachstuch (C): 26 x 17 cm
- Wachstuch (B): 1 Motiv aus dem Stoff ausschneiden
- Geschenkband in Grün: 25 cm

Glas 2:

- Wachstuch (A): 25 x 17 cm
- Wachstuch (B): 1 Motiv aus dem Stoff ausschneiden
- Geschenkband in Rot: 25 cm

So wird's gemacht

Das Rechteck mit einer geraden oder einer Zickzack-Stoffschere zuschneiden. Die Seite des Rechtecks, die den Umfang darstellt, rechts auf rechts zur Hälfte legen, mit 1 cm Nahtzugabe zusammennähen und wenden. Den Streifen über das Glas ziehen. Aus einem Motivstoff einen Rosenstrauß ausschneiden. Ein Band in der Länge des Glasumfangs um den Bezug kleben und die offenen Kanten mit dem ausgeschnittenen Motiv überdecken und festkleben.

Hübsch verpackt

Vorratstüten • Größe ca. 15 x 13 cm und 20 x 13 cm

Material

Für 2 Tüten:

- Wachstuch in Weiß mit Blümchen (A), 20 cm
- Wachstuch in Rot mit Blümchen (B), 20 cm
- Hutgummi in Rot, 20 cm
- 2 Knöpfe, je ø 1,5 cm

Zuschnitt

Kleine Tüte:

- Wachstuch (B): 20 x 40 cm (für die Außenseite)
- Wachstuch (A): 2-mal 20 x 10 cm (für die Innenseite)
- Hutgummi: 10 cm

Große Tüte:

- Wachstuch (A): 20 x 60 cm (für die Außenseite)
- Wachstuch (B): 2-mal 20 x 10 cm (für die Innenseite)
- Hutgummi: 10 cm

So wird's gemacht

Je einen schmalen Streifen für die Innenseite kantenbündig rechts auf rechts an die beiden kurzen Seiten des Außenteils legen und füßchenbreit zusammennähen, dabei an einer Kante das zur Schlaufe gelegte Gummiband mittig zwischenfassen. Das Teil rechts auf rechts quer zur Hälfte falten und die Seiten füßchenbreit zusammennähen. 3 cm breite Bodenecken quer zur Naht abnähen. Das Dreieck bis auf Nahtzugabenbreite abschneiden (s. Schemazeichnung unten).

Die Tüte wenden, die angenähten schmalen Streifen nach innen umklappen und festkleben. Knopf aufnähen, die Hutgummischlaufe um den Knopf legen und Tüte verschließen.

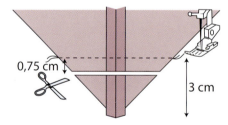

Kinderzimmer

Ob für Kindergarten oder Schule – hier warten nette Überraschungen, die für Ihre Kinder den Alltag zu etwas Besonderem machen.

Für Leckermäuler

Lätzchen · Größe ca. 26 x 38 cm · Vorlage 2 von Seite 58 und Vorlage 4 von Seite 59

Material

- Beschichteter Stoff in Blau mit Punkten (B), 35 cm
- Beschichteter Stoff in Grün kariert (C), 15 cm
- Klettverschluss, 2 cm breit, 6 cm
- Markierstift

Zuschnitt

- Beschichteter Stoff (B): Lätzchen nach Vorlage 4
- Beschichteter Stoff (B): 1 Kreis, ø 4 cm
- Beschichteter Stoff (C): 1 Schmetterlingsflügel nach Vorlage 2
- Klettband: 2-mal 3 cm

So wird's gemacht

Lätzchen und Schmetterling nach Vorlage zuschneiden. Als Körper einen Kreis mit 4 cm Durchmesser auf die Schmetterlingsflügel nähen.

Schmetterling und Klettband (s. Markierung auf der Vorlage 4) auf das Lätzchen nähen. Die Fühler mit einem Markierstift auf das Lätzchen übertragen und mit der Nähmaschine mit einem Geradstich nachnähen. Das Lätzchen mit 5 mm Abstand zum Rand ringsum mit einem Geradstich umnähen.

Begleiter für den Kindergarten

Tasche · Größe ca. 28 x 29 cm · Vorlagen 2 und 3 von Seite 58

Material

- Beschichteter Stoff in Grün gestreift (A), 40 cm
- Beschichteter Stoff in Blau mit Punkten (B), 15 cm
- Beschichteter Stoff in Grün kariert (C), 5 cm

Zuschnitt

- Beschichteter Stoff (A): 2-mal 30 x 30 cm (für die Außenseite)
- Beschichteter Stoff (A): 2-mal 30 x 15 cm (für die Innenseite)
- Beschichteter Stoff (A): 40 x 8 cm (für den Henkel)
- Beschichteter Stoff (B): 1 Schmetterlingsflügel nach Vorlage 2
- Beschichteter Stoff (C): 1 Schmetterlingskörper nach Vorlage 3

So wird's gemacht

Schmetterlingskörper und -flügel zuschneiden, die Flügel auf den Körper legen und mit einem Zierapplikationsstich auf ein Außenteil aufnähen. Die Fühler dünn vorzeichnen und mit einem Geradstich mit hellblauem Garn nachnähen. Auf die linke Stoffseite die Umrisse des zweiten Schmetterlings mit einem weichen Bleistift zeichnen. Die Bleistiftlinien mit einem Geradstich und hellblauem Garn nachnähen.

Die langen Kanten des Streifens für den Henkel jeweils zur Mitte falten, dabei etwas überlappen lassen und längs durch die Mitte festnähen.

Die Außen- und Innenteile jeweils rechts auf rechts bündig aufeinanderlegen und an den Seiten zusammennähen. Das Innenteil wenden. Außenteil rechts auf rechts über das Innenteil ziehen, an einer Kante füßchenbreit zusammennähen, dabei den Henkel rechts und links zwischenfassen. Am Außenteil Bodenecken füßchenbreit quer zur Naht abnähen. Tasche wenden, Innenteil nach innen klappen. Obere Kanten knappkantig absteppen.

Für eilige Notizen

Heftumschlag · Größe ca. 15 x 21 cm

Material

Für 2 Heftumschläge:

- Beschichteter Stoff in Grün gestreift (A), 25 cm
- Beschichteter Stoff in Blau mit Punkten (B), 10 cm
- Beschichteter Stoff in Grün kariert (C), 10 cm
- Beschichteter Stoff in Blau gestreift (D), 25 cm

Zuschnitt

Heftumschlag 1:

Beschichteter Stoff (A): 35 x 21 cm (für den Umschlag)

Beschichteter Stoff (B): 10 x 20 cm

Heftumschlag 2:

Beschichteter Stoff (D): 35 x 21 cm (für den Umschlag)

Beschichteter Stoff (C): 10 x 20 cm

So wird's gemacht

Das Rechteck für den Umschlag mit der Zickzack-Schere zuschneiden. Heft auf den Stoff legen, die Position der Vorderseite festlegen und auf der linken Stoffseite mit einem weichen Bleistift markieren.

Auf der linken Stoffseite der Vorderseite im oberen Bereich einen Kreis von 8 cm Durchmesser aufzeichnen und mit einer Zickzack-Schere ausschneiden. Das Rechteck aus Stoff B (Umschlag 1) bzw. Stoff D (Umschlag 2) rechts auf links auf den ausgeschnittenen Kreis legen. Den Kreis von der rechten Seite bis auf eine kleine Öffnung an der unteren Kreislinie auf dem Rechteck festnähen. Den oberen und unteren Rand des Umschlags mit einem Zier- oder Zickzackstich absteppen, dabei das Rechteck mitfassen.

Heft in den Umschlag wickeln und auf den Innenseiten festkleben. In die kreisförmige Öffnung einen Stift stecken.

Viel Platz für Stifte

Schlamperlmäppchen • Größe ca. 6 x 18 cm

Material

- Beschichteter Stoff in Blau gestreift (D), 25 cm
- Reißverschluss in Weiß, 24 cm

Zuschnitt

- Beschichteter Stoff (D): 30 x 21 cm

So wird's gemacht

Den Reißverschluss zwischen die beiden kurzen Seiten des Rechtecks nähen. Dafür wird er zunächst rechts auf rechts an eine der beiden kurze Seiten angelegt und mit dem Reißverschlussfüßchen angenäht. Für die andere kurze Seite ebenso verfahren. Alle vier Ecken laut Zeichnung eindrücken und an beiden Seiten zur Mitte falten. Füßchenbreit festnähen, dabei den Reißverschluss etwas geöffnet lassen. Etui durch den Reißverschluss wenden.

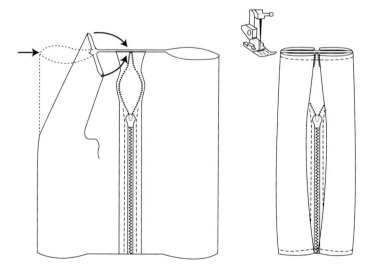

Für Turnschuhe & Co.

Sportbeutel · Größe ca. 21,5 x 29 cm

Material

- Beschichteter Stoff in Grün gestreift (A), 35 cm
- Beschichteter Stoff, verschiedene Reste, je 8 x 8 cm und 10 x 10 cm
- Dünne Kordel in Weiß, 120 cm

Zuschnitt

- Beschichteter Stoff (A): 45 x 32 cm (für den Beutel)
- Stoffreste: Kreise mit ø 7 und 9 cm

So wird's gemacht

Aus Resten von verschiedenen Stoffen Kreise mit einem Durchmesser von 7 und 9 cm mit einer geraden oder einer Zickzack-Stoffschere ausschneiden. Das Rechteck mit der rechten Stoffseite nach oben quer auf den Tisch legen. Die kleinen und großen Kreise auf eine Hälfte des Rechtecks legen. Mit mehreren, von oben nach unten durchgehenden, parallelen Linien im Zickzackstich aufnähen.

An der rechten und linken Seite 3 cm vom oberen Rand nach unten abmessen und die Nahtzugabe 0,75 cm tief einschneiden. Die 3 cm lange Nahtzugabe auf die linke Stoffseite umlegen und festnähen. Die obere Kante der Länge nach auf die linke Seite umlegen und festnähen, so dass sich ein Schlauch bildet.

Das Rechteck rechts auf rechts quer zur Hälfte falten, die offene Seite und den Boden füßchenbreit zusammennähen. Die Ecke bis zur Nahtlinie vorsichtig schräg abschneiden, Beutel wenden. Dünne Kordel in den Saum einziehen.

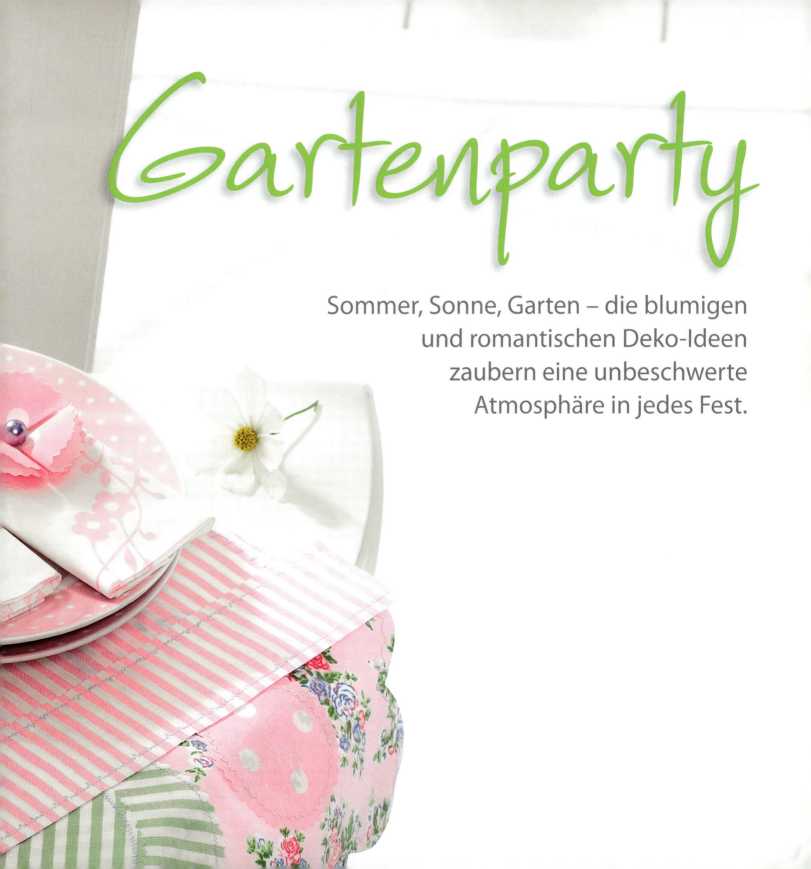

Gartenparty

Sommer, Sonne, Garten – die blumigen und romantischen Deko-Ideen zaubern eine unbeschwerte Atmosphäre in jedes Fest.

Romantisch angehaucht

Vasen-Husse · Größe ca. 17 cm hoch

Material

- Beschichteter Stoff in Pink gestreift (B), 25 cm
- Beschichteter Stoff in Pink mit Blümchen (C), ca. 10 cm
- ca. 25–40 Roccaille-Perlen in Pink
- 1 gerades Glas, ca. 23 cm Umfang, 17 cm hoch
- Klebestift

Zuschnitt

- Stoff (B): Streifen 25 x 21 cm
- Stoff (C): 1 Rosenmotiv ausschneiden

So wird's gemacht

Quadrat zuschneiden. Eine Rose aus dem Motivstoff ausschneiden und mittig auf den Streifen kleben.

Perlen im Abstand von 2 cm von der oberen Kante gleichmäßig verteilt aufnähen, dabei am gestreiften Stoff orientieren.

Die langen Kanten des Streifens (= oberer und unterer Rand) jeweils 2 cm zur linken Stoffseite falten und festnähen. Streifen rechts auf rechts falten und an der Seite mit 1 cm Nahtzugabe zusammennähen, wenden, auf das Glas ziehen.

Bitte zu Tisch!

Blumentopf-Platzset • Größe ca. 38 x 26 cm • Vorlagen 5, 6 und 7 von Seite 57

Material

- Beschichteter Stoff in Pink mit Punkten (A), 30 cm
- Beschichteter Stoff in Pink gestreift (B), 10 cm
- Beschichteter Stoff in Pink mit Blümchen (C), 20 cm
- Beschichteter Stoff in Grün gestreift (D), 20 cm

Zuschnitt

Beschichteter Stoff (A): 1 Blumentopf laut Schemazeichnung (s.u.)
Beschichteter Stoff (B): 1 Kreis für die Blume nach Vorlage 6
Beschichteter Stoff (C): 1 Blume nach Vorlage 5
Beschichteter Stoff (D): 2 Blätter nach Vorlage 7

So wird's gemacht

Teile für den Blumentopf laut Schemzeichnung (s. u.) zuschneiden, Blätter und Kreis mit einer Zickzack-Schere, Blume mit einer geraden Stoffschere ausschneiden. Kreis auf die Blume nähen. Blume und Blätter im Abstand von ca. 5 mm zur Kante ringsum mit einem Geradstich nachnähen, den unteren Blumentopfteil mit einem Zickzackstich nachnähen.

Blume und Blätter unter den unteren Teil des Blumentopfes legen, festnähen.

Den Streifen (= obere Kante des Topfes) auf den Blumentopf nähen und die Kanten des Streifens wie zuvor die anderen Teile mit einem Zickzackstich umnähen.

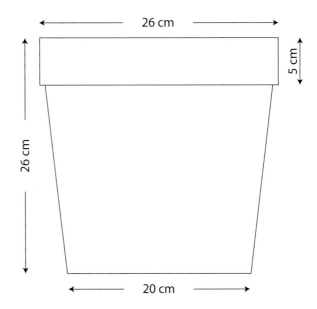

Bringt jedes Glas zur Geltung

Untersetzer · Größe ca. ø 11 cm · Vorlagen 8 und 9 von Seite 59

Material

- Beschichteter Stoff, verschiedene Reste, ca. 10 und 15 cm
- Klebestift

Zuschnitt

- Stoffreste: Blume nach Vorlage 8
- Stoffreste: Kreis nach Vorlage 9

So wird's gemacht

Blume mit der Zickzack-Schere, Kreise (= Blütenmitten) mit einer geraden Stoffschere zuschneiden. Kreise auf Blumen aufnähen oder festkleben.

Hält Insekten fern

Strohhalm-Schirmchen · Größe ca. 6 x 4 cm · Vorlage 10 von Seite 59

Material

- Beschichteter Stoff, verschiedene Reste, je Schirmchen 10 x 10 cm
- Dicke Strohhalme

Zuschnitt

- Stoffreste: Schirmchen nach Vorlage 10

So wird's gemacht

Die kreisförmige Linie des Schirmchenteils mit einer Zickzack-Schere zuschneiden, den Viertelkreis mit einer geraden Schere herausschneiden. Die geraden Kanten rechts auf recht bündig übereinanderlegen und knappkantig zusammennähen.

Schirmchen wenden und auf einem Strohhalm dekorieren.

Im Handumdrehen dekoriert

Serviettenring • Größe der Blume ca. 8 x 8 cm

Material

- Beschichteter Stoff in Pink mit Blümchen (C), 10 cm
- Beschichteter Stoff in Grün gestreift (D), 10 cm
- 1 Perle pro Serviettenring, ca. ø 1 cm

Zuschnitt

pro Serviettenring:
- Beschichteter Stoff (C): 4 Kreise mit ø 7 cm (für die Blume)
- Beschichteter Stoff (D): 17 x 6 cm (für den Serviettenring)

So wird's gemacht

Die Kreise mit der Zickzack-Schere zuschneiden und zweimal zum Viertel falten. Die Blüten in der Mitte zusammennähen und eine Perle in der Mitte aufnähen.

Die langen Kanten des Streifens jeweils zur Mitte falten, so dass sich die Kanten dabei etwas überlappen, und der Länge nach durch die Mitte festnähen. Blume mittig auf dem Streifen platzieren und von Hand festnähen. Den Streifen zu einem Ring formen und mit einigen Handstichen fixieren.

Blumig

Blumen-Tischdeko • Größe ca. ø 8 cm • Vorlagen 11 und 12 von Seite 60

Material

- Beschichteter Stoff, verschiedene Reste, ca. 10 cm
- ca. 1–7 Roccaille-Perlen pro Blume
- Klebestift

So wird's gemacht

Kreise mit der Zickzack-Schere, Blumen mit einer geraden Stoffschere zuschneiden. Blumen auf Kreis aufnähen oder festkleben. Statt der Blume kann auch ein kleinerer Kreis ausgeschnitten und aufgenäht oder festgeklebt werden. Die Blütenmitte mit mehreren Perlen verzieren.

Zuschnitt

- Stoffreste: Kreis nach Vorlage 11 (ø 8 cm)
- Stoffreste: Blume nach Vorlage 12

Badezimmer

Nicht nur praktisch, sondern auch hübsch – mit diesen Modellen aus Wachstuch verwandelt sich Ihr Bad in eine Oase der Erholung.

Jederzeit griffbereit

Bezug für Kleenex-Box · Größe ca. 23 x 11,5 cm, 7 cm hoch

Material

- Wachstuch in Blau mit Blümchen (A), ca. 40 cm
- Wachstuch in Grau mit Punkten (B), ca. 5 cm
- Geschenkband in Rot mit Punkten, 1,5 cm breit, 38 cm

Zuschnitt

- Wachstuch (A): 42 x 38 cm
- Wachstuch (B): 2-mal 5 x 38 cm
- Geschenkband: 2-mal 19 cm

So wird's gemacht

Die perforierte Öffnung aus der Box heraustrennen und mittig auf die linke Stoffseite legen, die Umrisse mit einem weichen Bleistift auf den Stoff zeichnen. Die Öffnung mit einer Zickzack-Schere aus dem Stoff ausschneiden.

Die Box mit Wachstuch A wie ein Geschenk einpacken, die Öffnung im Stoff und in der Box liegen dabei übereinander. Damit die Box ausgetauscht werden kann, den Stoff auf der Unterseite nur mit Tesafilm festkleben.

Die beiden Geschenkbänder jeweils der Länge nach mit Zickzackstich mittig auf die Stoffstreifen aus Stoff B nähen, anschließend rechts und links der Öffnung um die Box wickeln. Die Streifen an der Unterseite der Box ebenfalls nur mit Tesafilm festkleben.

Falls Ihre Box eine andere Größe hat, geben Sie für das Rechteck aus Wachstuch A zum Quer- und Längsumfang der Box ringsum 5 cm dazu.

Klein, aber fein

Kosmetiktäschchen · Größe ca. 8 x 16 cm · Vorlage 13 von Seite 60

Material

- Wachstuch in Blau mit Blümchen (A), 20 cm
- Wachstuch in Weiß mit Blümchen (C), 10 cm
- Hutgummi in Rot, 10 cm
- Geschenkband in Rot mit Punkten, 1,5 cm breit, 15 cm
- 1 Knopf
- Klebestift

Zuschnitt

- Wachstuch (A): 2-mal Taschenteil nach Vorlage Nr. 13
- Wachstuch (C): 2-mal 13 x 4 cm

So wird's gemacht

Je einen schmalen Stoffstreifen rechts auf rechts an die gerade obere Kante eines Taschenteils füßchenbreit festnähen, dabei an einem Teil das zur Schlaufe gelegte Hutgummi mittig zwischenfassen.

Beide Taschenteile rechts auf rechts kantenbündig aufeinanderlegen und bis auf die Oberseite ringsum knappkantig zusammennähen, dafür die Stichlänge an der Nähmaschine etwas kleiner einstellen. Tasche wenden.

Den oben angenähten Streifen in den Taschenteil umklappen und festkleben. Knopf auf der Vorderseite annähen und durch die Schlaufe aus Hutgummi stecken.

Aus dem Geschenkband eine Schleife formen (s. Grundkurs auf S. 56) und auf die Vorderseite der Tasche kleben.

Immer im Einsatz

Wäschebeutel · Größe ca. 23 x 26 cm · Vorlagen 14 und 15 von Seite 60

Material

Für 2 Wäschebeutel:

- Wachstuch in Blau mit Blümchen (A), 30 cm
- Wachstuch in Grau mit Punkten (B), 50 cm
- Wachstuch in Weiß mit Blümchen (C), 5 cm
- Geschenkband in Rot mit Punkten, 1,5 cm, 120 cm
- 2 Knöpfe
- Klebestift

Zuschnitt

Wäschebeutel 1:

- Wachstuch (B): 28 x 50 cm (für den Beutel)
- Wachstuch (C): 54 x 5 cm (für den Rand)
- Wachstuch (A): 1 Kreis nach Vorlage Nr. 14
- Wachstuch (B): 1 Herz nach Vorlage Nr. 15
- Geschenkband: 60 cm

Wäschebeutel 2:

- Wachstuch (A): 28 x 50 cm (für den Beutel)
- Wachstuch (B): 54 x 5 cm (für den Rand)
- Wachstuch (B): 1 Kreis nach Vorlage Nr. 14
- Wachstuch (A): 1 Herz nach Vorlage Nr. 15
- Geschenkband: 60 cm

So wird's gemacht

Das Rechteck rechts auf rechts quer zur Hälfte falten, so dass es 25 x 28 cm groß ist. Die Seite und den Boden mit 1 cm Nahtzugabe zusammennähen. Die Nahtzugaben an den Ecken bis zur Nahtlinie vorsichtig schräg abschneiden, Beutel wenden.

Den langen Streifen der Länge nach links auf links zur Hälfte falten, mit den offenen Kanten rechts auf rechts rings um die offene Kante der Tasche füßchenbreit festnähen. Das Band durch den Stofftunnel ziehen und an den Enden zusammenknoten.

Einen Kreis und ein Herz mit der Zickzack-Schere zuschneiden. Herz mittig auf den Kreis kleben und einen Knopf auf das Herz nähen. Den fertigen Kreis mit Herz und Knopf auf den Beutel kleben.

49

Dezent

Täschchen für Taschentücher • Größe ca. 13 x 8 cm

Material

- Wachstuch in Blau mit Blümchen (A), 15 cm
- Geschenkband in Rot mit Punkten, 1,5 cm breit, 30 cm

Zuschnitt

- Wachstuch (A): 15 x 15 cm
- Geschenkband: 2-mal 15 cm

So wird's gemacht

Die Geschenkbänder jeweils rechts auf rechts kantenbündig an zwei gegenüberliegende Seiten auf das Quadrat legen und knappkantig festnähen. Bänder umklappen und von rechts entlang der Naht nachsteppen, um die Nahtzugaben zu fixieren.

Die Seiten mit den angenähten Geschenkbändern rechts auf rechts zur Mitte falten, so dass sie mittig voreinanderstoßen. Die kurzen Seiten füßchenbreit absteppen. Die Nahtzugaben an den Ecken bis zur Nahtlinie vorsichtig schräg abschneiden. Täschchen wenden.

Gut verstaut

Utensilo · Größe ca. 30 x 23 cm · Vorlagen 16 und 17 von Seite 61

Material

Für 2 Utensilos:

- Wachstuch in Blau mit Blümchen (A), 10 cm
- Wachstuch in Grau mit Punkten (B), 30 cm
- Wachstuch in Weiß mit Blümchen (C), 30 cm
- Geschenkband in Rot mit Punkten, 1,5 cm breit, 140 cm
- 2 Ösen, ø 14 mm
- Klebestift

Zuschnitt

Utensilo 1:

- Wachstuch (B): 2-mal Taschenteil nach Vorlage Nr. 16
- Wachstuch (A) Herz nach Vorlage Nr. 17
- Geschenkband: 55 cm (für das Utensilo)
- Geschenkband: 15 cm (für die Schleife)

Utensilo 2:

- Wachstuch (C): 2-mal Taschenteil nach Vorlage Nr. 16
- Wachstuch (B): Herz nach Vorlage Nr. 17
- Geschenkband: 55 cm (für das Utensilo)
- Geschenkband: 15 cm (für die Schleife)

So wird's gemacht

Die Taschenteile mit der Zickzack-Schere zuschneiden. Die Nahtzugaben von 1 cm sind in der Vorlage bereits enthalten. Beide Teile kantenbündig rechts auf rechts legen, die Bodenkante und die beiden Seiten mit 1 cm Nahtzugabe zusammennähen.

Die Nahtzugaben an den Ecken bis zur Nahtlinie vorsichtig schräg abschneiden, Utensilo wenden. Oben mittig durch Vorder- und Rückseite eine Öse anbringen.

Ein Teil des Geschenkbandes ringsherum um das Utensilo kleben. Aus dem restlichen Geschenkband eine Schleife formen (s. Grundkurs auf Seite 56). Herz mit der Zickzack-Schere zuschneiden und zusammen mit der Schleife auf das Band kleben.

Grundkurs Nähen
Material und Werkzeuge

Grundmaterial

- Nähmaschine
- passendes Nähgarn
- Nähnadeln, Stecknadeln
- weicher Bleistift, Markierstift
- Stoffschere, Zickzack-Schere
- Papier, Klebestift
- Patchworklineal, Maßband
- Bügeleisen
- Schneidunterlage (bei Verwendung des Rollschneiders)

Hinweis: Um Wiederholungen zu vermeiden, sind die Grundmaterialien in den einzelnen Modell-Anleitungen nicht mehr erwähnt.

1 Scharfe Stoffschere und/oder Rollschneider: für den Zuschnitt.

2 Pfeiltrenner: zum Auftrennen der Nähte.

3 Nähmaschinen-Nadeln: Die zu verwendende Stärke hängt von Stoff- und Garnstärke ab. In den Herstellerangaben der Nähmaschinen sind entsprechende Tabellen zu finden. Generell gilt: Je höher die Nadelnummer, desto dicker die Nadel. Für Baumwollstoffe eignen sich am besten mittelstarke Nadeln.

4 Nähnadeln: Zum Heften und für Handstiche immer eine Auswahl Universalnadeln bereithalten.

5 Stecknadeln: Unverzichtbar zum Fixieren von Stofflagen. Tipp: Stecknadeln immer quer zur Nährichtung stecken.

7 Maßband, Patchworklineal: unerlässlich beim Zuschnitt und bei der passgenauen Näharbeit.

8 weicher Bleistift: zum Aufzeichnen der Zuschnitte und Nählinien auf der linken Stoffseite.

9 Markierstift: für Linien, die auf der rechten Stoffseite benötigt werden. Es gibt dampf- und wasserlösliche sowie selbstlöschende Markierstifte. Beide Stoffarten, sowohl das Wachstuch als auch der beschichtete Stoff,

Grundkurs Nähen

haben durch ihre spezielle Beschichtung eine wasserdichte Oberfläche. Die Stoffe können bei 40 Grad gewaschen und feucht abgewischt werden. Auch können sie von der rechten Seite bei schwacher Hitze problemlos gebügelt werden.

Da die Materialien der neuen Generation recht dünn sind, verarbeitet man sie ansonsten wie andere Stoffe. Sie lassen sich gut mit einer herkömmlichen Stoffschere oder Zickzack-Schere zuschneiden. Ein großer Vorteil ist, dass man die Kanten nicht versäubern muss. Die Schnittkanten von Wachs- und beschichteten Stoffe fransen nicht aus, ein Versäubern ist nicht erforderlich.

Beschichtete Stoffe kann man mit einem herkömmlichem Nähfüßchen nähen, Wachsstoffe lassen sich besser mit einem Teflon beschichteten Nähfüßchen, das auch für Leder verwendet wird, nähen, da es auf der beschichteten Oberfläche besser gleitet.

Für das Nähen von Hand eignen sich eine etwas größere und stärkere Nähnadel, auch das Benutzen eines Fingerhuts erleichtert die Arbeit.

Zur Innenseite umgelegte Nahtzugaben oder kleinere Verzierungen lassen sich auch mit einem herkömmlichen Klebestift ohne Weiteres festkleben.

Grundbegriffe des Nähens

Rechte und linke Stoffseite
Jeder Stoff hat eine rechte und eine linke Stoffseite. Die rechte Seite entspricht der Stoffaußenseite. Bei bedruckten Stoffen ist diese leicht zu erkennen, da hier das Muster deutlicher zu sehen ist.

Fadenlauf
Jedes Gewebe besteht aus Kettfäden (längs) und Schussfäden (quer). Der Fadenlauf entspricht der Richtung der Kettfäden und verläuft parallel zur Gewebekante. Der Zuschnitt sollte immer im Fadenlauf erfolgen, damit sich der Stoff nicht verzieht.

Fadenspannung
Je nach Stoffart muss die Fadenspannung der Nähmaschine reguliert werden, damit keine Garnschlaufen entstehen. Am besten zunächst ein kleines Teststück anfertigen.

Nahtzugabe
Wird ein Stoff zu nah an der Kante genäht, reißen Naht und Stoff leicht auf. Deswegen in der Regel beim Zuschnitt eine Nahtzugabe von 0,75 (auch als „füßchenbreit" bezeichnet) oder 1 cm hinzurechnen. Beachten Sie die Hinweise in den Anleitungen.

Zwischenfassen
Werden Bänder oder Schlaufen zwischen zwei Stofflagen mit angenäht, spricht man vom „Zwischenfassen".

Wenden
Vor dem Wenden von eckigen Formen müssen die Nahtzugaben an den Ecken vorsichtig schräg abgeschnitten werden.

Stoffbruch
Bei einer gefalteten Stofflage entsteht eine Faltlinie, die als Stoffbruch bezeichnet wird. Auf einem Schnitt bezeichnet der Stoffbruch die Mitte eines Schnittteils und ist bei den Vorlagen in diesem Buch als Bruchlinie dargestellt. Dort wird der Stoff gefaltet und die entsprechende Kante des Schnitts ohne Nahtzugabe aufgelegt. An dieser Stelle entsteht keine Naht.

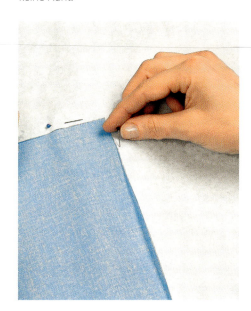

Grundkurs Nähen
Grundtechniken des Nähens

Schnittmuster und Vorlagen

Für einige Modelle finden Sie auf den Seite 57–61 originalgroße Vorlagenzeichnungen. Bitte beachten Sie auch den Hinweis zum „Stoffbruch" auf Seite 55. Für den Zuschnitt ein Schnittmuster laut Vorlage aus Papier anfertigen. Das Schnittmuster auf den Stoff stecken und mit einem Markierstift auf den Stoff übertragen.

Zuschnitt

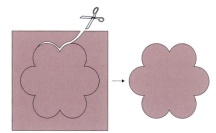

Wird keine Nahtzugabe erwähnt, ist diese bereits im Zuschnitt enthalten. Wird in der Anleitung jedoch eine zusätzliche Nahtzugabe gefordert, auch diese Linie auf den Stoff zeichnen. Anschließend kann die Form entweder ohne Nahtzugabe direkt an der inneren Linie oder mit Nahtzugabe an der äußeren Linie ausgeschnitten werden.

Gerad- und Zickzackstich

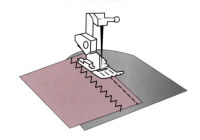

Der Gerad- und Zickzackstich können durchaus auch dekorative Zwecke erfüllen, so werden z. B. die Konturen eines Schnitts oft mit einem Gerad- oder Zickzackstich nachgenäht oder Applikationen mit einem Zickzackstich übernäht, um sie zu befestigen. Nähen Sie gerade Strecken mit Stichlänge 2 bis 3 und Rundungen mit Stichlänge 1.

Schleife formen

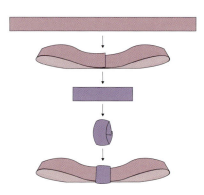

Die Enden des Geschenkbandes links auf links zur Mitte falten, so dass sie sich etwas überlappen, und festkleben oder -nähen. Mit einem kürzeren Stück Geschenkband umwickeln, so dass die Enden auf der Rückseite etwas überlappen, und festkleben.

Bänder und Applikationen aufsteppen

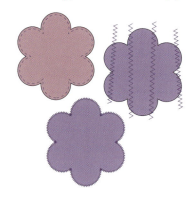

Applikationen oder Geschenkbänder können mit engem Zickzack- oder einem Geradstich aufgesteppt werden. Dazu beim Nähen den Stoff langsam der Motivkontur entsprechend mit der Hand weiterdrehen. Beim Sportbeutel sind mehrere Applikationen mit parallelen Zickzackstichen befestigt.

Bodenecke abnähen

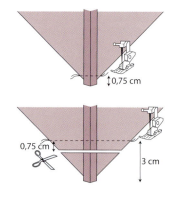

Die Bodenecke so falten, dass an der Spitze ein Dreieck entsteht, bei dem die Naht die Mitte bildet. Dieses Dreieck quer zur bestehenden Naht absteppen. In der Anleitung ist immer die Höhe des abzunähenden Dreiecks angegeben, die entlang der bestehenden Naht gemessen wird, z. B. „füßchenbreit" oder 3 cm.

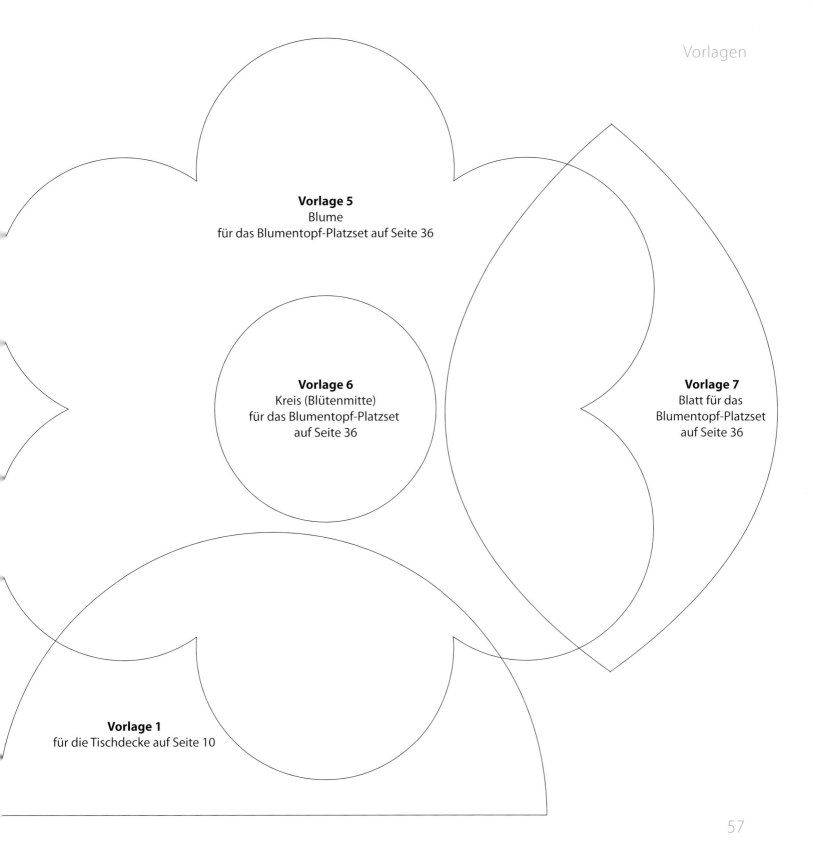

Vorlagen

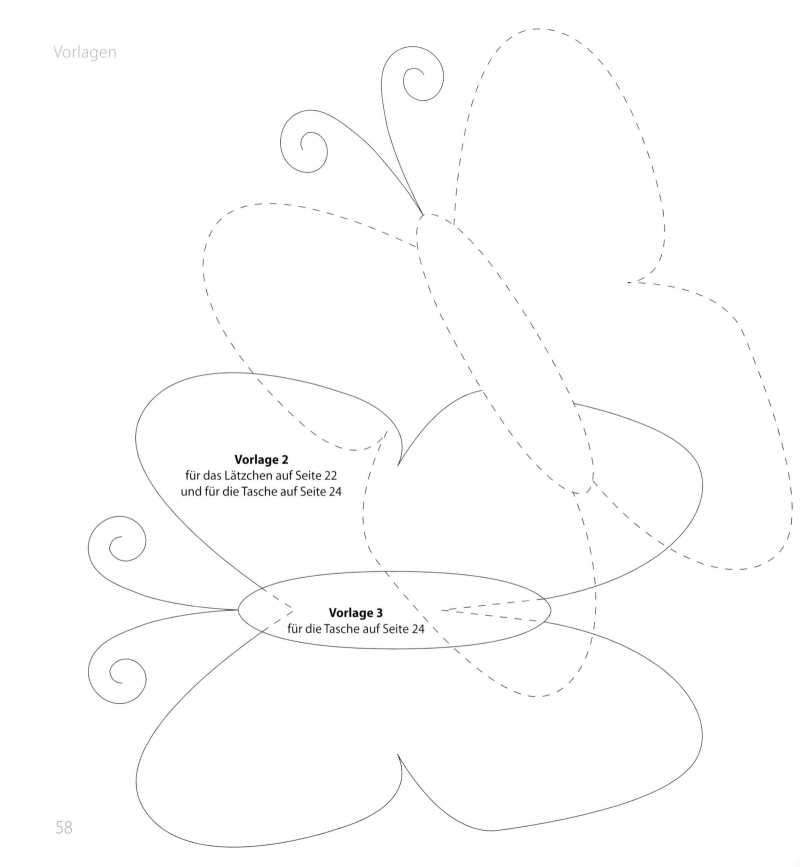

58

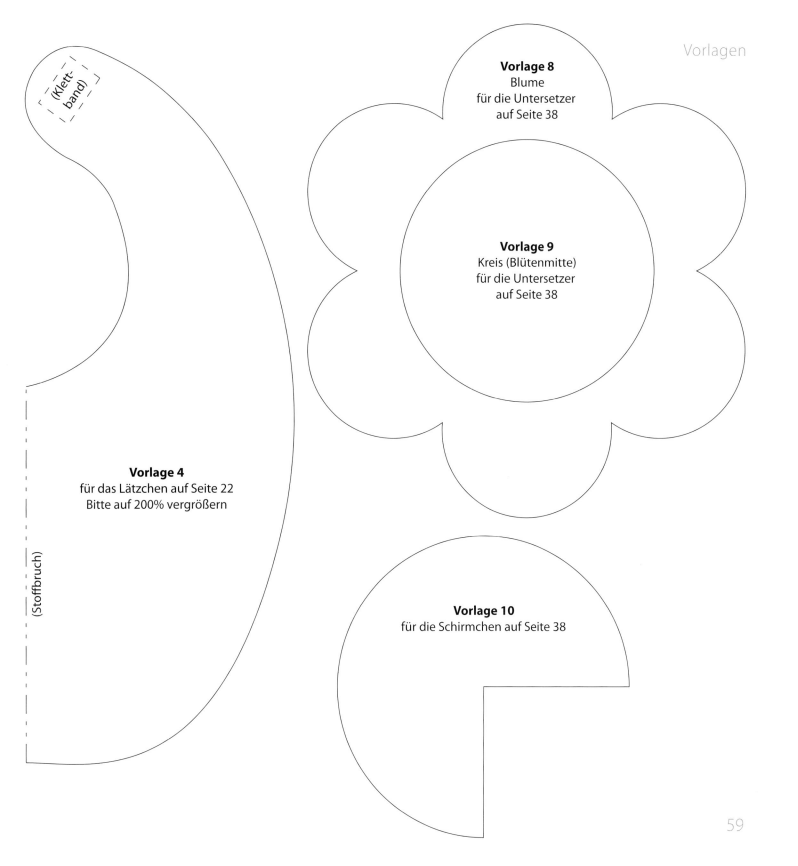

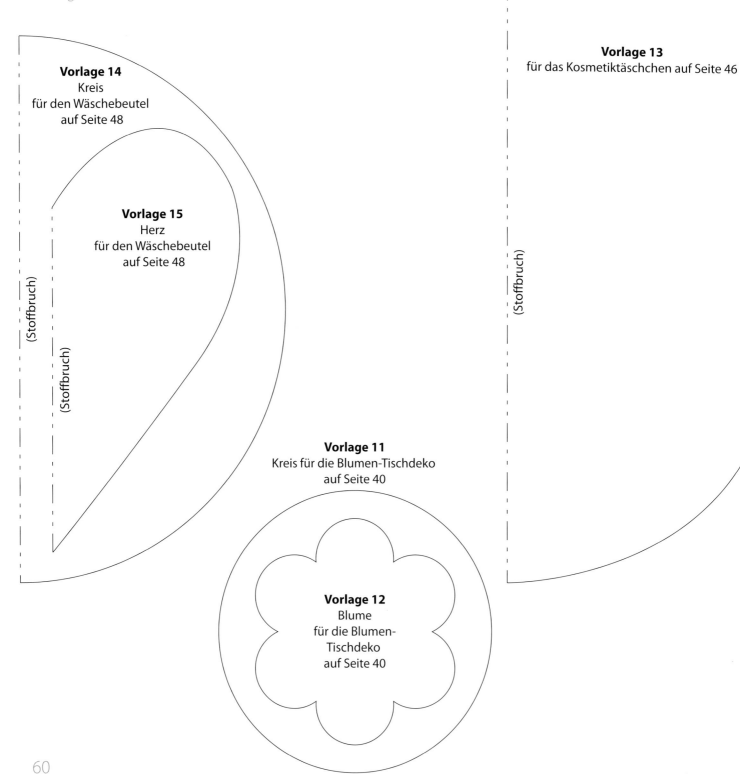

Vorlagen

(Position Öse)

(Stoffbruch)

Vorlage 16
für das Utensilo auf Seite 52
Vorlage bitte auf 200 % vergrößern

Vorlage 17
für das Utensilo auf Seite 52

Impressum

Idee, Entwürfe und Realisation: Edina Stratmann
Lektorat: Claudia Schmidt
Redaktion: Angelika Klein
Fotos: UZwei, Uli Glasemann
Styling: Elke Reith
Schnittmuster und Vorlagen: Claudia Schmidt
Umschlaggestaltung: Yvonne Rangnitt
Satz: Arnold & Domnick
Repro: Meyle + Müller, Pforzheim
Druck und Verarbeitung: Offizin Andersen Nexö Leipzig GmbH

ISBN 978-3-8410-6085-3
Art.-Nr. OZ6085

© 2011 Christophorus Verlag GmbH & Co. KG, Freiburg
Alle Rechte vorbehalten

Sämtliche Modelle, Illustrationen und Fotos sind urheberrechtlich geschützt. Jede gewerbliche Nutzung ist untersagt. Dies gilt auch für eine Vervielfältigung bzw. Verbreitung über elektronische Medien. Autorin und Verlag haben alle Angaben und Anleitungen mit größtmöglicher Sorgfalt zusammengestellt. Dennoch kann bei Fehlern keinerlei Haftung für direkte oder indirekte Folgen übernommen werden. Die gezeigten Materialien sind zeitlich unverbindlich. Der Verlag übernimmt für Verfügbarkeit und Lieferbarkeit keine Gewähr und Haftung.

Dank

Für die tatkräftige Unterstützung und die nette Zusammenarbeit möchte ich mich bei der Redakteurin Angelika Klein und meiner Lektorin Claudia Schmidt ganz herzlich bedanken.

Hersteller

Stoffe und Bänder:

- Greengate, Klampenborg, DK
  www.greengate.dk
- Westfalenstoffe AG, Münster
  www.westfalenstoffe.de

Zubehör:

Gütermann AG + Gütermann Sulky, Gutach-Bleibach,
www.guetermann.com;

Prym Consumer GmbH, Stolberg,
www.prym-consumer.de;

Kreativ-Service

Sie haben Fragen zu den Büchern und Materialien? Frau Erika Noll ist für Sie da und berät Sie rund um die Themen Basteln und kreatives Hobby. Rufen Sie an! Wir interessieren uns auch für Ihre eigenen Ideen und Anregungen. Sie erreichen Frau Noll per E-Mail: **mail@kreativ-service.info** oder Tel.: +49 (0) 5052 / 91 18 58
Montag–Donnerstag: 9–17 Uhr / Freitag: 9–13 Uhr